Impressum
Verlag: BABADADA GmbH, Nedderfeld 112 , 22529 Hamburg
Geschäftsführer / Verlagsleitung: Harald Hof
Druck: Books on Demand GmbH, In de Tarpen 42, 22848 Norderstedt

Imprint
Publisher: BABADADA GmbH, Nedderfeld 112 , 22529 Hamburg, Germany
Managing Director / Publishing direction: Harald Hof
Print: Books on Demand GmbH, In de Tarpen 42, 22848 Norderstedt

sekolah
mokykla

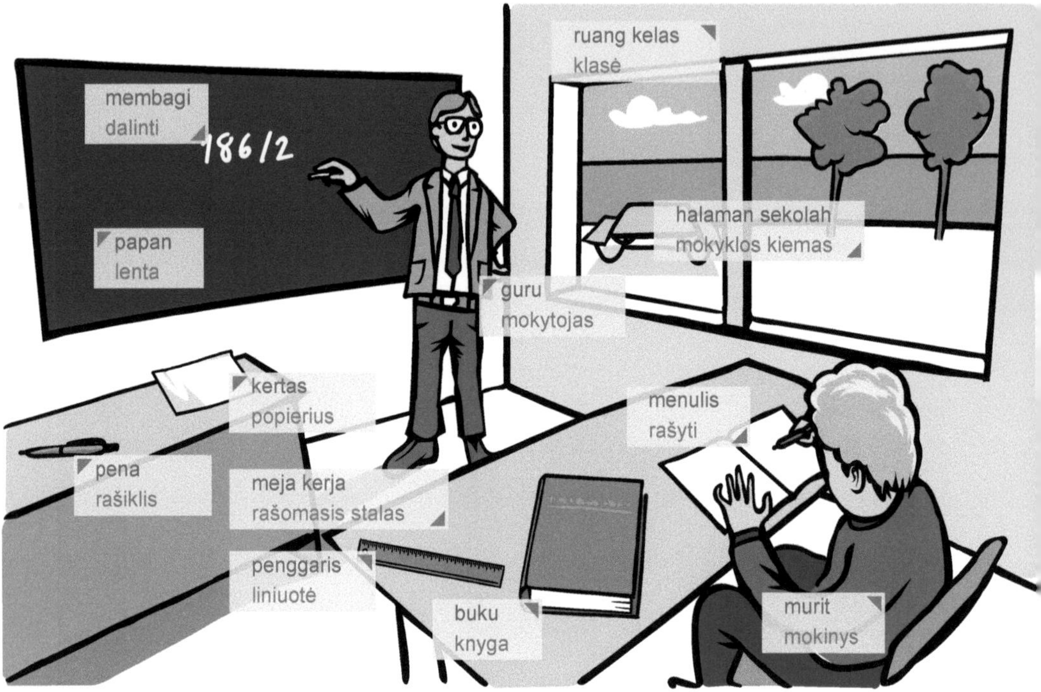
ruang kelas
klasė
membagi
dalinti
186/2
papan
lenta
halaman sekolah
mokyklos kiemas
guru
mokytojas
kertas
popierius
menulis
rašyti
pena
rašiklis
meja kerja
rašomasis stalas
penggaris
liniuotė
buku
knyga
murit
mokinys

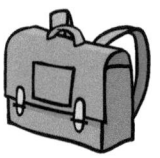

tas sekolah
kuprinė

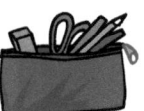

tempat pensil
penalas

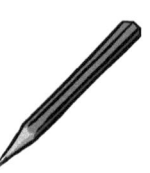

pensil
pieštukas

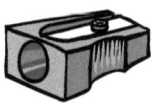

pengasah pensil
drožtukas

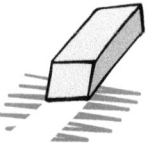

penghapus
trintukas

kertas gambar
piešimo bloknotas

gambar
piešinys

kuas
teptukas

kotak cat
dažų dėžutė

gunting
žirklės

lem
klijai

buku latihan
vadovėlis

pekerjaan rumah
namų darbai

12

angka
numeris

2+2

tambhakan
pridėti

5-2

mengurangi
atimti

2×2

mengalikan
dauginti

menghitung
skaičiuoti

A

huruf
raidė

ABCDEFG HIJKLMN OPQRSTU VWXYZ

alfabet
abėcėlė

hello

kata
žodis

teks
....
tekstas

membaca
....
skaityti

kapur
....
kreida

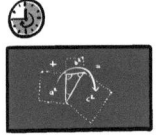

pelajaran
....
pamoka

daftar
....
dienynas

ujian
....
egzaminas

sertifikat
....
pažymėjimas

seragam sekolah
....
mokyklinė uniforma

pendidikan
....
išsilavinimas

ensiklopedi
....
enciklopedija

universitas
....
universitetas

mikroskop
....
mikroskopas

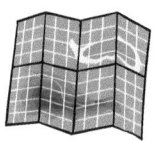

peta
....
žemėlapis

tempat sampah
....
šiukšliadėžė

perjalanan
kelionė

hotel
viešbutis
Grand
hostel
svečių namai
ROOMS
kantor pertukaran mata uang
valiutos keitykla
EXCHANGE
koper
lagaminas
mobil
mašina

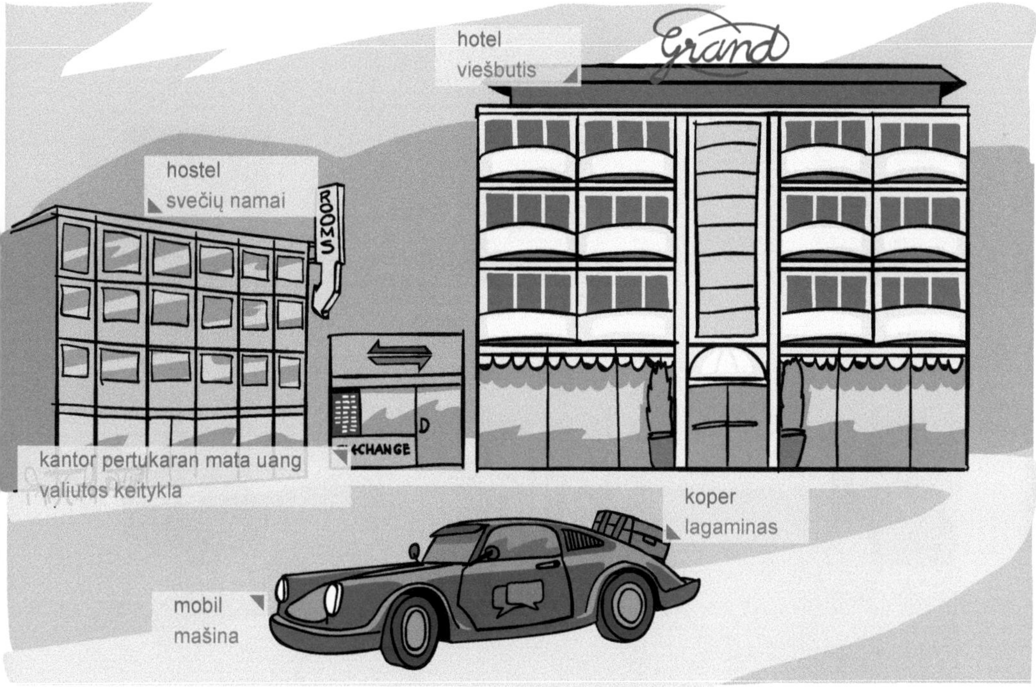

bahasa
kalba

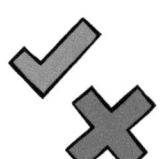

ya / tidak
taip / ne

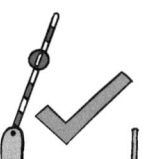

okay
Gerai

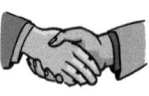

hallo
sveiki

penerjemah
vertėjas raštu

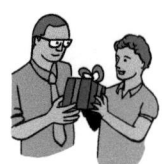

terima kasih
Ačiū

Berapa harganya...?

kiek kainuoja...?

saya tidak mengerti

aš nesuprantu

masalah

problema

Selamat malam!

Labas vakaras!

Selamat siang!

Labas rytas!

Selamat tidur!

Labos nakties!

sampai jumpa

viso gero

arah

kryptis

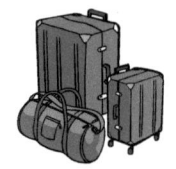

bagasi

bagažas

tas

krepšys

ransel

kuprinė

tamu

svečias

ruang

kambarys

kantong tidur

miegmaišis

tenda

palapinė

informasi wisata

turizmo informacija

pantai

paplūdimys

kartu kredit

kreditinė kortelė

sarapan

pusryčiai

makan siang

pietūs

makan malam

vakarienė

tiket

bilietas

elevator

liftas

perangko

pašto ženklas

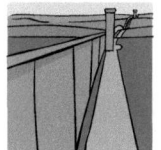

perbatasan

siena

cukai

muitinė

kedutaan

ambasada

visa

viza

paspor

pasas

transportasi
transportas

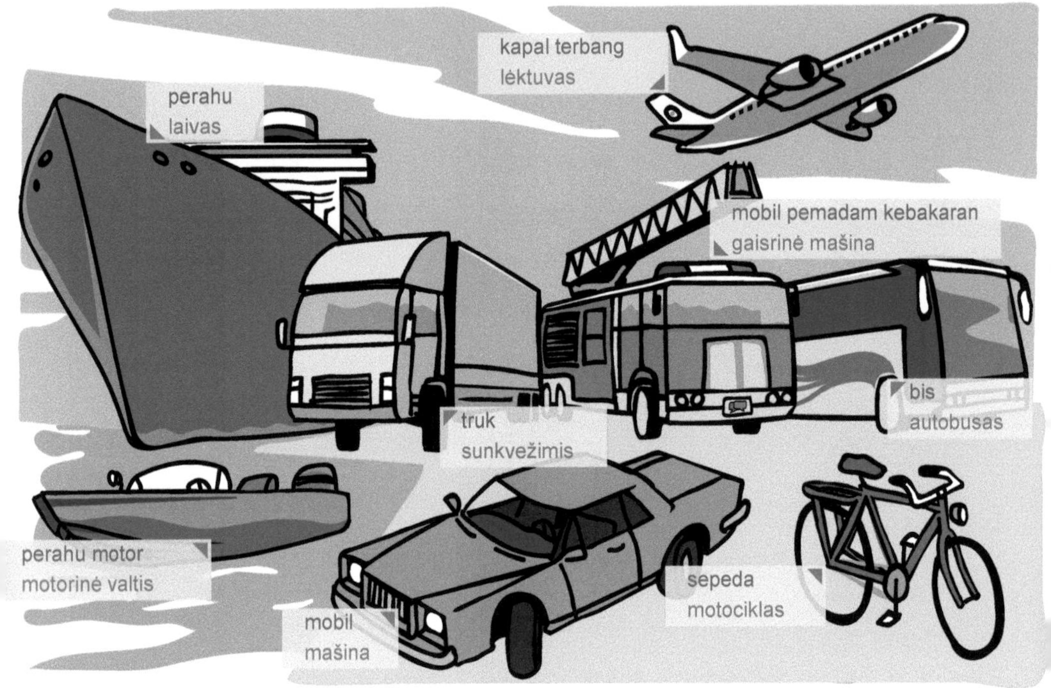

kapal terbang
lėktuvas
perahu
laivas
mobil pemadam kebakaran
gaisrinė mašina
bis
autobusas
truk
sunkvežimis
perahu motor
motorinė valtis
sepeda
motociklas
mobil
mašina

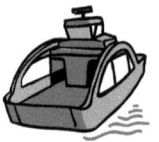

feri
keltas

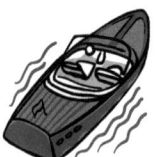

perahu
valtis

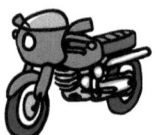

sepeda motor
mopedas

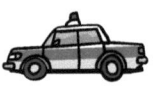

mobil polisi
policijos automobilis

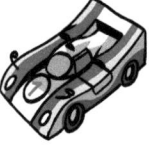

mobil balapan
lenktyninis automobilis

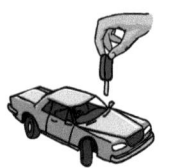

mobil sewa
nuomojamas automobilis

berbagi mobil

bendras automobilio
naudojimas

truk derek

techninės pagalbos
automobilis

truk sampah

šiukšliavežė

motor

variklis

bahan bakar

degalai

bensin

degalinė

tanda lalulintas

kelio ženklas

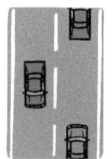

lalulintas

eismas

macet

eismo spūstis

parkir mobil

mašinų stovėjimo aikštelė

stasiun kereta

traukinių stotis

trek

bėgiai

kereta api

traukinys

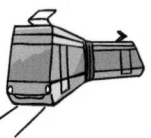

tram

tramvajus

gerobak

vagonas

helikopter

sraigtasparnis

bendara

oro uostas

menara

bokštas

penumpang

keleivis

container

konteineris

karton

dėžė

troli

vežimėlis

keranjang

krepšys

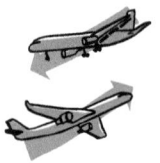

berangkat / mendarat

pakilti / nusileisti

kota
miestas

desa

kaimas

pusat kota

miesto centras

rumah

namas

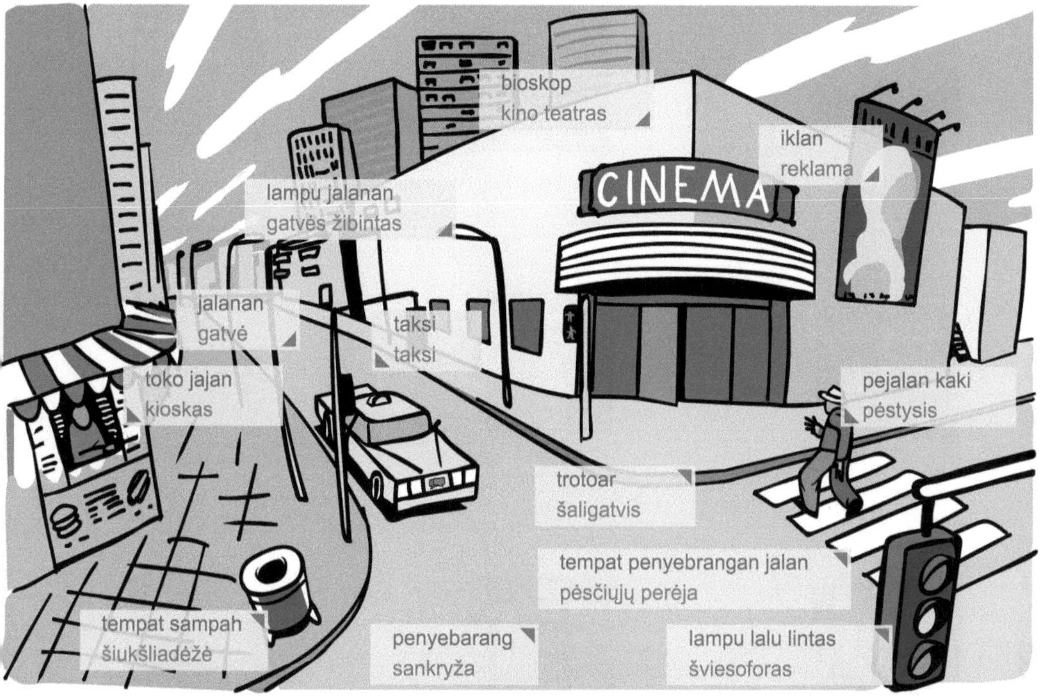
bioskop
kino teatras
iklan
reklama
lampu jalanan
gatvės žibintas
CINEMA
jalanan
gatvė
taksi
taksi
toko jajan
kioskas
pejalan kaki
pėstysis
trotoar
šaligatvis
tempat penyebrangan jalan
pėsčiųjų perėja
tempat sampah
šiukšliadėžė
penyebarang
sankryža
lampu lalu lintas
šviesoforas

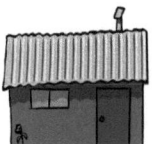

gubuk
trobelė

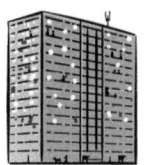

rumah flat
butas

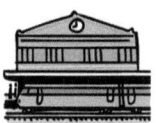

stasiun kereta
traukinių stotis

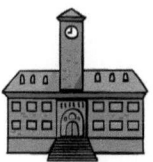

balai kota
rotušė

MUSEUM

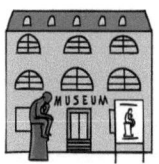

museum
muziejus

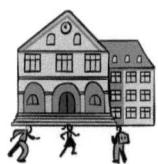

sekolah
mokykla

universitas

universitetas

bank

bankas

rumah sakit

ligoninė

hotel

viešbutis

farmasi

vaistinė

kantor

biuras

toko buku

knygynas

toko

parduotuvė

toko bunga

gėlių parduotuvė

supermarket

prekybos centras

pasar

turgus

toko serba ada

universalinė parduotuvė

nelayan

žuvies parduotuvė

pusat belanja

prekybos centras

pelabuhan

uostas

taman

parkas

banku

suoliukas

jembatan

tiltas

tangga

laiptai

kereta bawah tanah

metro

terowongan

tunelis

pemberhantian bis

autobusų stotelė

bar

baras

restauran

restoranas

kotak surat

lauko pašto dėžutė

tanda jalan

kelio ženklas

meteran parkir

parkomatas

kebun binatang

zoologijos sodas

kolam renang

baseinas

mesjid

mečetė

pertanian

ūkininko ūkis

polusi

tarša

kuburan

kapinės

gereja

bažnyčia

tempat bermain

žaidimų aikštelė

pura

šventykla

pemandangan
kraštovaizdis

daun
lapas

penunjuk arah
kelio rodyklė

jalanan
kelias

padang rumput
pieva

batu
akmuo

pohon
medis

pejalak kaki
ėjikas

sungai
upė

rumput
žolė

bunga
gėlė

lembah

slėnis

bukit

kalva

danau

ežeras

hutan

miškas

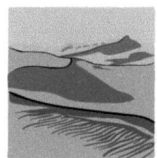

padang gurun

dykuma

gunung berapi

ugnikalnis

istana

pilis

pelangi

vaivorykštė

jamur

grybas

pohon palem

palmė

nyamuk

uodas

lalat

musė

semut

skruzdėlė

lebah

bitė

laba-laba

voras

kumbang

vabalas

kodok

varlė

tupai

voverė

landak

ežys

kelinci

kiškis

burung hantu

pelėda

burung

paukštis

angsa

gulbė

babi jantan

šernas

rusa

elnias

rusa

briedis

bendungan

užtvanka

turbin angin

vėjo jėgainė

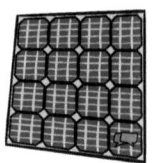

panel surya

saulės baterija

iklim

klimatas

pemandangan - kraštovaizdis

restauran
restoranas

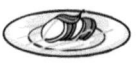

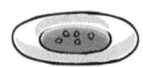

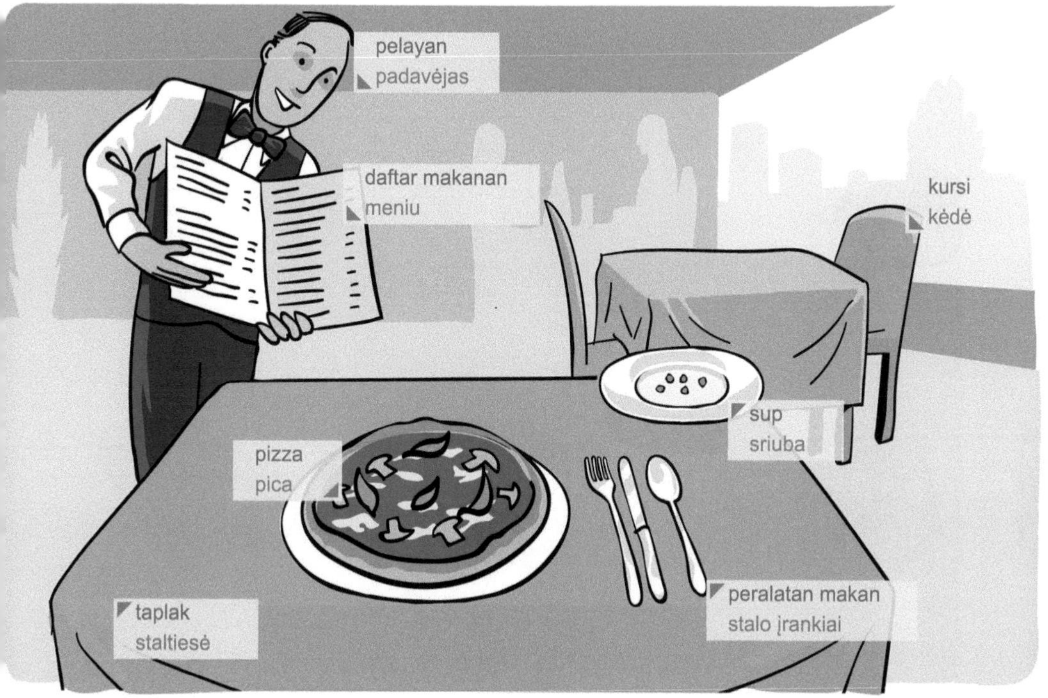

pelayan
padavėjas
daftar makanan
meniu
kursi
kėdė
sup
sriuba
pizza
pica
taplak
staltiesė
peralatan makan
stalo įrankiai

hindangan pembuka

užkandis

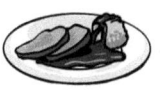

hidangan utama

pagrindinis patiekalas

hidangan penutup

desertas

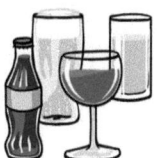

minuman

gėrimai

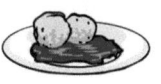

makanan

maistas

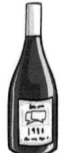

botol

butelis

fastfood

greitai pateikiamas maistas

masakan jalanan

gatvės maistas

teko teh

arbatinukas

kaleng gula

cukrinė

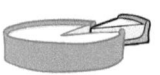

porsi

porcija

mesin espresso

espreso aparatas

kursi tinggi

aukšta kėdė

tagihan

sąskaita

baki

padėklas

pisau

peilis

garpu

šakutė

sendok

šaukštas

sendok teh

arbatinis šaukštelis

serbet

servetėlė

gelas

stiklinė

restauran - restoranas

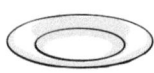

piring

lėkštė

piring sup

sriubos lėkštė

lepek

padėklas

saus

padažas

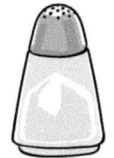

tempat garam

druskinė

gilingan merica

pipirų malūnėlis

cuka

actas

minyak

aliejus

bumbu

prieskoniai

saus tomat

kečupas

mustar

garstyčios

mayones

majonezas

supermarket

prekybos centras

penawaran khusus
specialus pasiūlymas
FOR
klien
pirkėjas
produk susu
pieno produktai
buah
vaisiai
troli
troleibusas

BUTCHERS

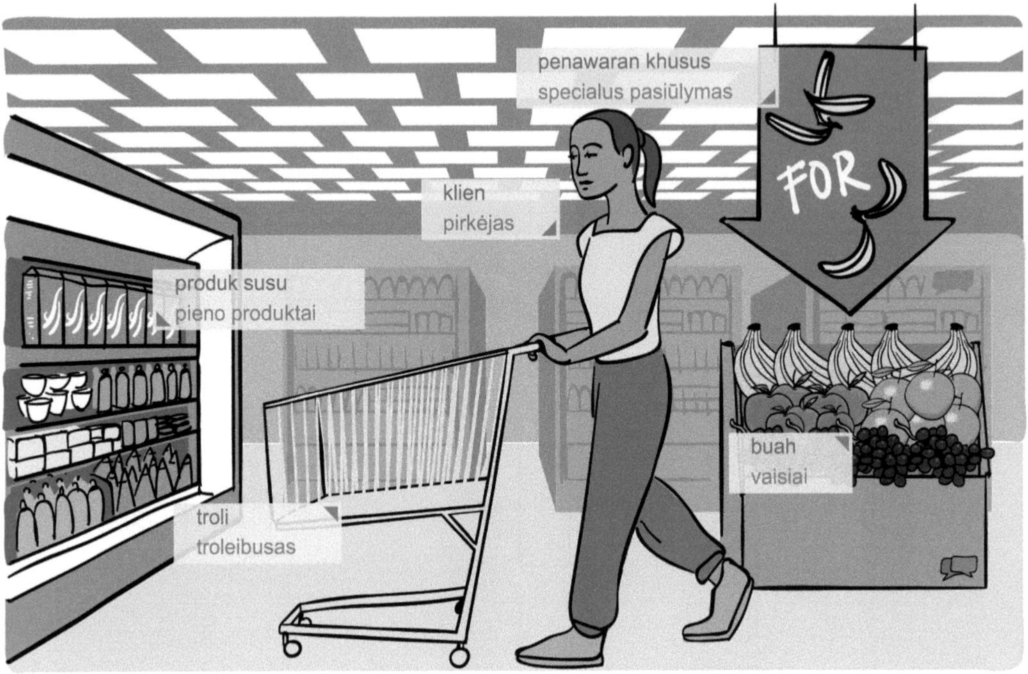

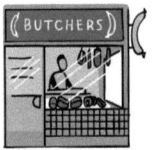

pembantai

mėsos parduotuvė

BAKERY

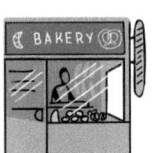

toko roti

kepykla

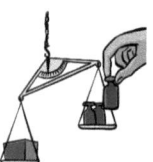

menimbang

sverti

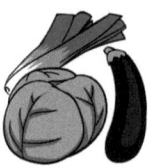

sayur

daržovės

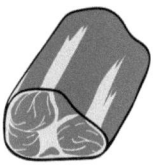

daging

mėsa

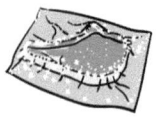

makanan beku

šaldytas maistas

pemotongan dingin

šalti mėsos užkandžiai

makanan kaleng

konservai

sabun serbuk

skalbimo milteliai

permen

saldumynai

alat-alat rumah tangga

ūkinės prekės

obat pembersihan

valymo priemonės

penjual

pardavėja

kasa

kasos aparatas

kasir

kasininkas

daftar belanja

pirkinių sąrašas

jam buka

darbo valandos

dompet

piniginė

kartu kredit

kreditinė kortelė

tas

maišelis

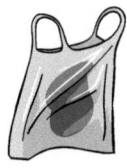

kantong plastik

plastikinis maišelis

air
....
vanduo

jus
....
sultys

susu
....
pienas

cola
....
kola

anggur
....
vynas

bir
....
alus

alkohol
....
alkoholis

coklat
....
kakava

teh
....
arbata

kopi
....
kava

espresso
....
espresas

cappucino
....
kapučinas

pisang

bananas

apel

obuolys

jeruk

apelsinas

semangka

arbūzas

jeruk lemon

citrina

wortel

morka

bawang putih

česnakas

bambu

bambukas

bawang bombai

svogūnas

jamur

grybas

kacang

riešutai

mi

makaronai

spagetti

spagečiai

nasi

ryžiai

salat

salotos

kentang goreng

traškučiai

kentang goreng

keptos bulvės

pizza

pica

hamburger

mėsainis

sandwich

sumuštinis

sayatan

pjausnys

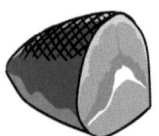

ham

kumpis

salami

saliamis

sosis

dešrelė

ayam

vištiena

menggoreng

kepsnys

ikan

žuvis

bubur gandum

avižų dribsniai

sereal

dribsniai su priedais

cornflakes

kukurūzų dribsniai

tepung

miltai

croissant

prancūziškasis ragelis

roti

bandelė

roti

duona

toast

skrebutis

biskuit

sausainiai

mentega

sviestas

dadih

varškė

kue

tortas

telur

kiaušinis

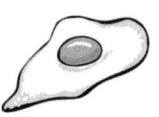

telur goreng

kiaušinienė

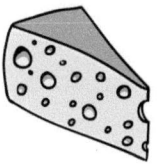

keju

sūris

eskrim

ledai

gula

cukrus

madu

medus

selai

uogienė

krim nugat

tepamas šokoladas

kare

karis

pertanian
ūkininko ūkis

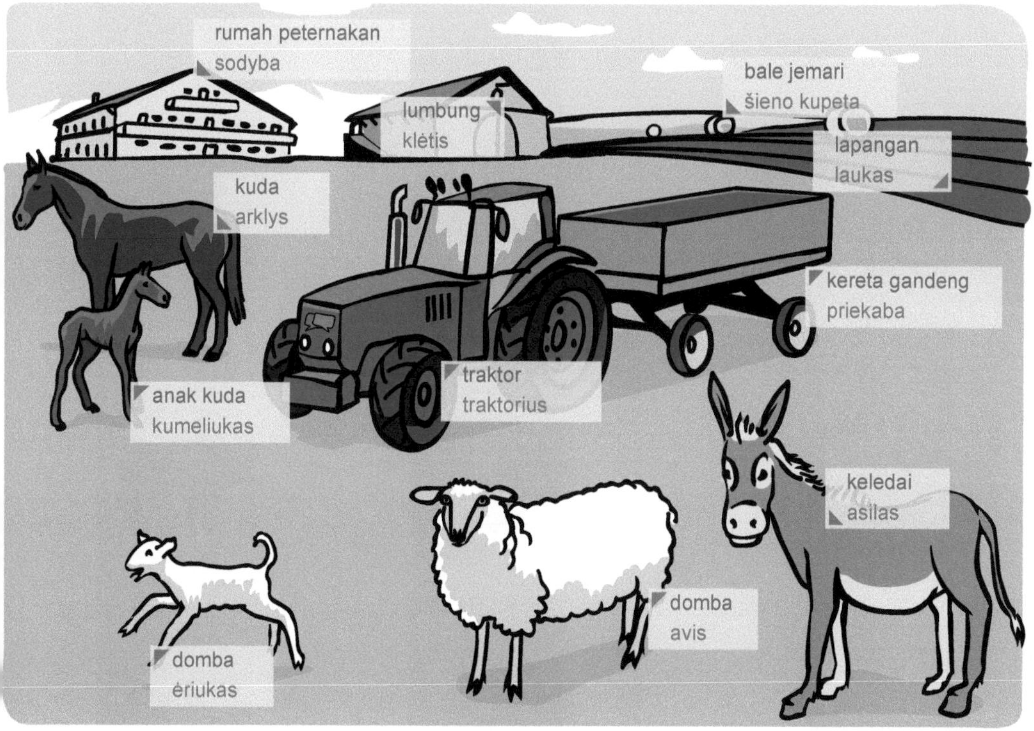
rumah peternakan
sodyba
lumbung
klėtis
bale jemari
šieno kupeta
lapangan
laukas
kuda
arklys
kereta gandeng
priekaba
traktor
traktorius
anak kuda
kumeliukas
keledai
asilas
domba
avis
domba
ėriukas

kambing
....
ožys

sapi
....
karvė

betis
....
veršis

babi
....
kiaulė

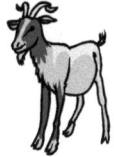

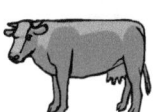

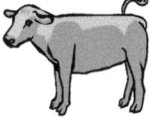

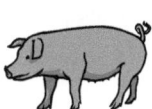

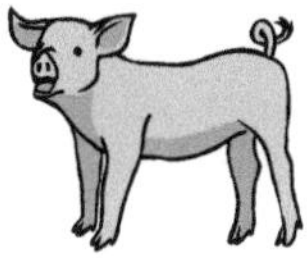

celeng
....
paršelis

banteng
....
bulius

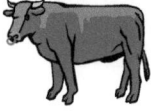

angsa

žąsis

bebek

antis

anak ayam

viščiukas

ayam

višta

ayam jantan

gaidys

tikus

žiurkė

kucing

katė

tikus

pelė

lembu

jautis

anjing

šuo

rumah anjing

šuns būda

selang

sodo namas

penyiram

laistytuvas

sabit

dalgis

bajak

plūgas

sabit

pjautuvas

cangkul

kauptukas

garpu rumput

šakės

kapak

kirvis

gerobak

statinė

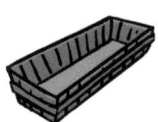

palung

lovys

kaleng susu

bidonas

karung

maišas

pagar

tvora

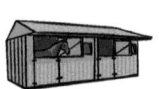

kandang

arklidė

rumah kaca

šiltnamis

tanah

dirva

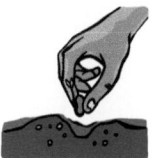

benih

sėkla

pupuk

trąšos

mesin pemanen

kombainas

panen
rinkti

panen
derlius

yams
saldžiosios bulvės

gandum
kviečiai

kedelai
soja

kentang
bulvė

jagung
kukurūzai

lobak
rapsai

pohon buah
vaismedis

singkong
manijokas

sereal
grūdai

rumah
namas

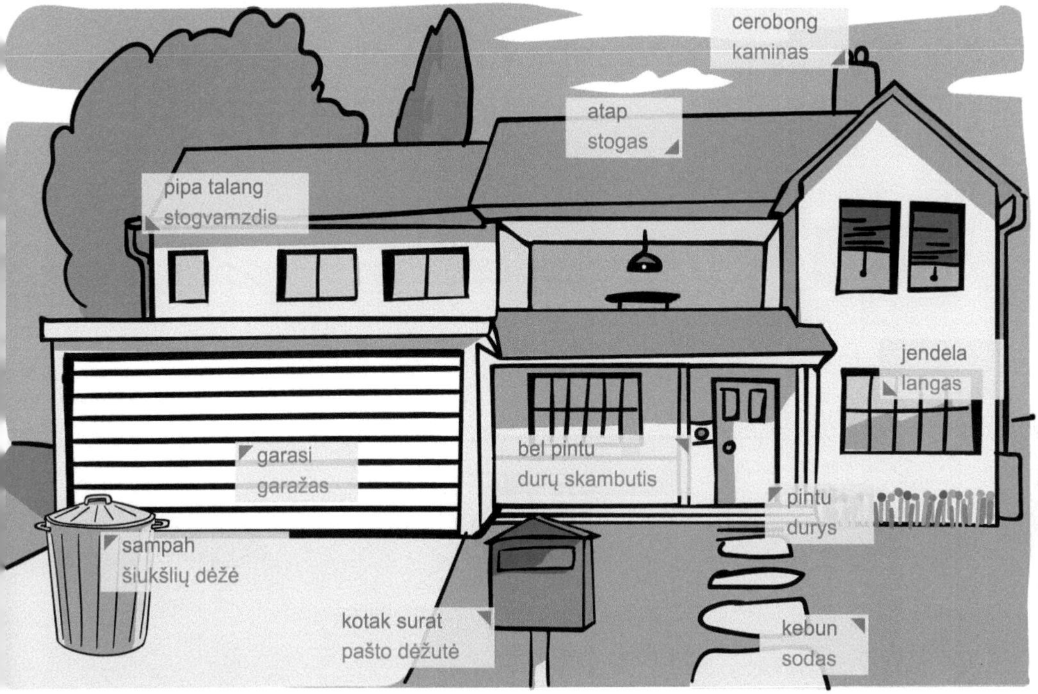

cerobong
kaminas
atap
stogas
pipa talang
stogvamzdis
jendela
langas
garasi
garažas
bel pintu
durų skambutis
pintu
durys
sampah
šiukšlių dėžė
kotak surat
pašto dėžutė
kebun
sodas

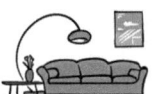

ruang tamu

svetainė

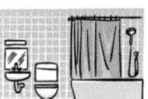

kamar mandi

vonios kambarys

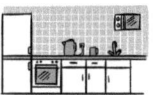

dapur

virtuvė

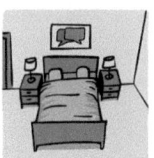

kamar tidur

miegamasis

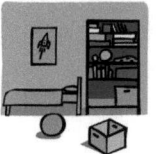

kamar anak

vaiko kambarys

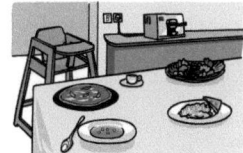

kamar makan

valgomasis

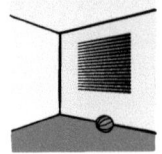

lantai

grindys

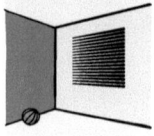

tembok

siena

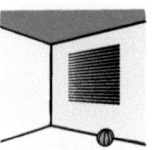

atap

lubos

gudang di bawah tanah

rūsys

sauna

sauna

balkon

balkonas

teras

terasa

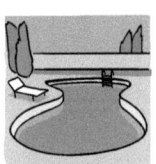

kolam renang

baseinas

mesin pemotong rumput

žoliapjovė

sprei

paklodė

selimut

lovatiesė

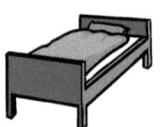

tempat tidur

lova

sapu

šluota

ember

kibiras

tombol

jungiklis

ruang tamu
svetainė

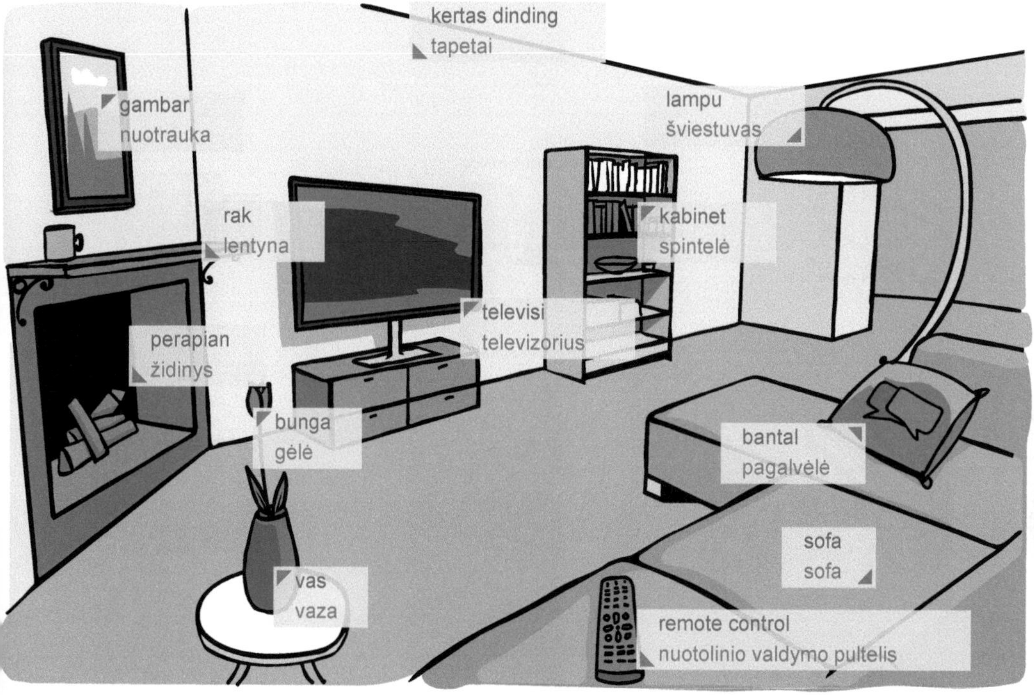
kertas dinding
tapetai
gambar
nuotrauka
lampu
šviestuvas
rak
lentyna
kabinet
spintelė
televisi
televizorius
perapian
židinys
bunga
gėlė
bantal
pagalvėlė
sofa
sofa
vas
vaza
remote control
nuotolinio valdymo pultelis

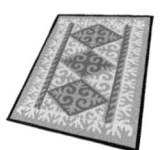

karpet

kilimas

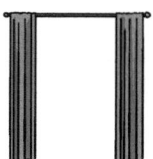

korden

užuolaida

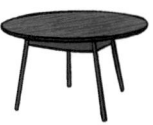

meja

stalas

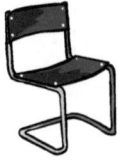

kursi

kėdė

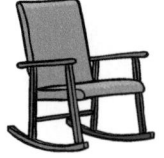

kursi goyang

supamasis krėslas

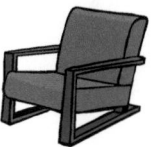

kursi malas

fotelis

buku
knyga

selimut
antklodė

dekorasi
papuošimai

kayu bakar
malkos

filem
filmas

hi-fi
stereo aparatūra

kunci
raktas

koran
laikraštis

lukisan
paveikslas

poster
plakatas

radio
radijas

buku tulis
užrašų knygelė

penyedot debu
dulkių siurblys

kaktus
kaktusas

lilin
žvakė

dapur
virtuvė

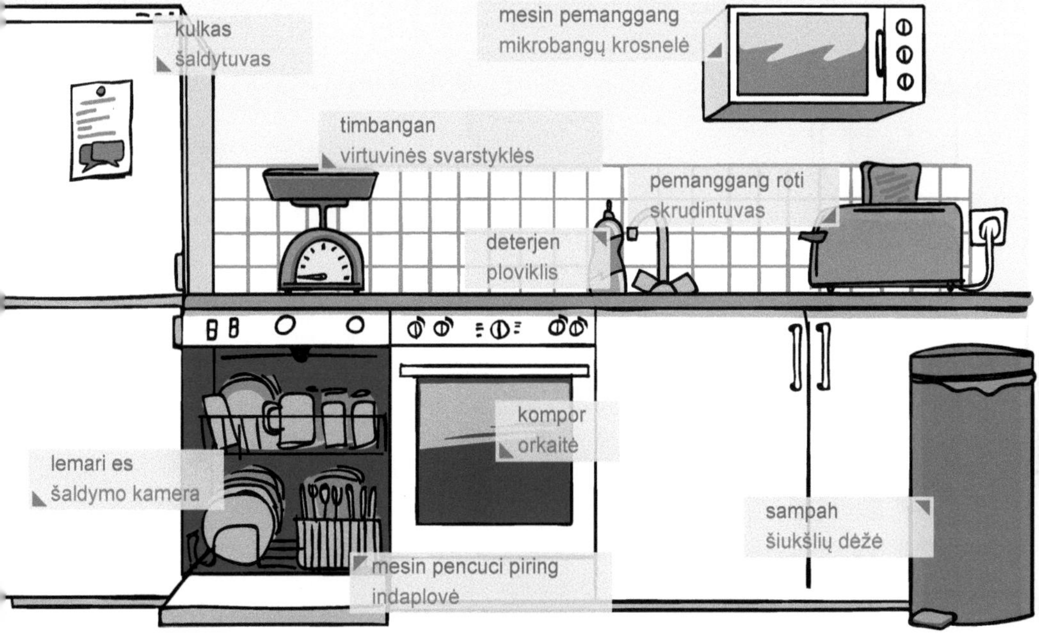
kulkas
šaldytuvas
mesin pemanggang
mikrobangų krosnelė
timbangan
virtuvinės svarstyklės
pemanggang roti
skrudintuvas
deterjen
ploviklis
kompor
orkaitė
lemari es
šaldymo kamera
sampah
šiukšlių dėžė
mesin pencuci piring
indaplovė

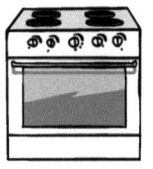

kompor
viryklė

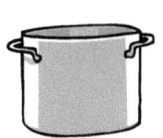

panci
puodas

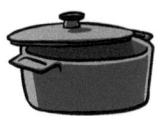

panci besi
ketaus puodas

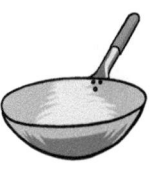

wajan
„wok“ keptuvė

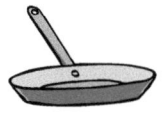

panci
keptuvė

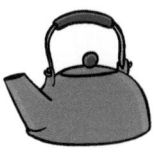

pemanas air
virdulys

panci pengukus makanan

garų puodas

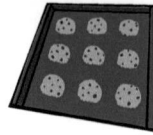

nampan

kepimo skarda

piring

porceliano indai

cangkir

puodelis

mangkok

dubuo

sumpit

valgomosios lazdelės

sendok sup

samtis

sudip

mentelė

mengocok

plaktuvas

saringan

koštuvas

saringan

sietas

parutan

trintuvė

mortir

grūstuvė

barbeque

kepsninė

api terbuka

atvira liepsna

dapur - virtuvė

papan memotong

pjaustymo lentelė

gilingan

kočėlas

alat pembuka botol

kamščiatraukis

kaleng

skardinė

pembuka kaleng

skardinių atidarytuvas

pegangan panci

puodkėlė

wastafel

kriauklė

sikat

šepetys

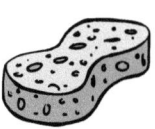

busa

kempinė

mesin pencampur

trintuvas

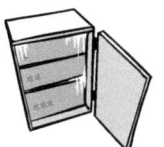

lemari es

šaldiklis

botol bayi

kūdikių buteliukas

keran

čiaupas

kamar mandi

vonios kambarys

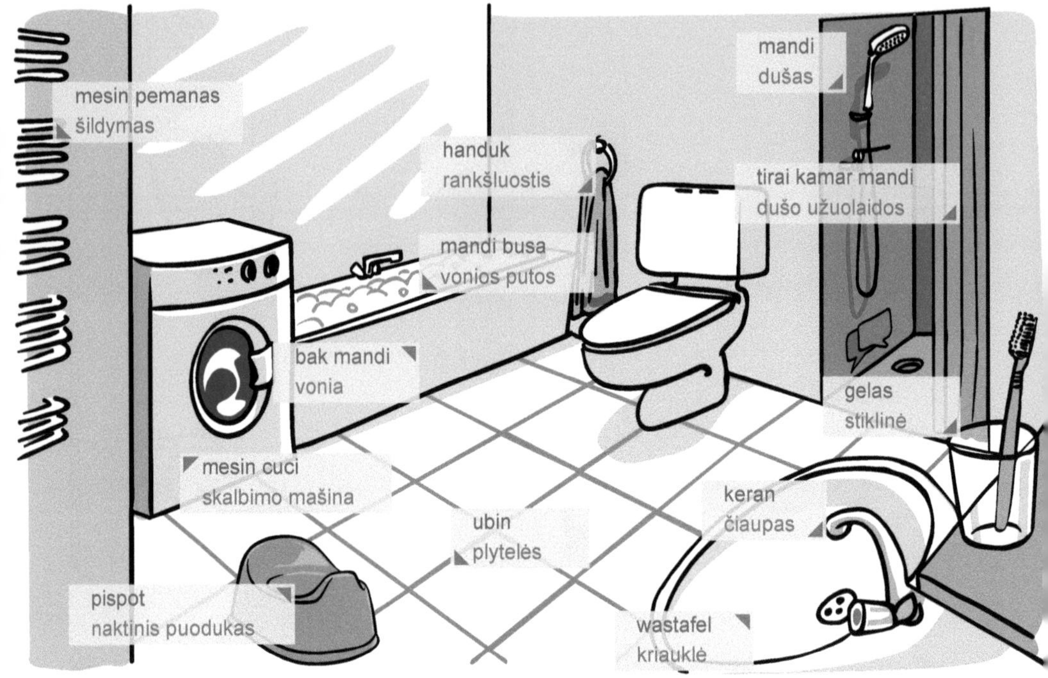

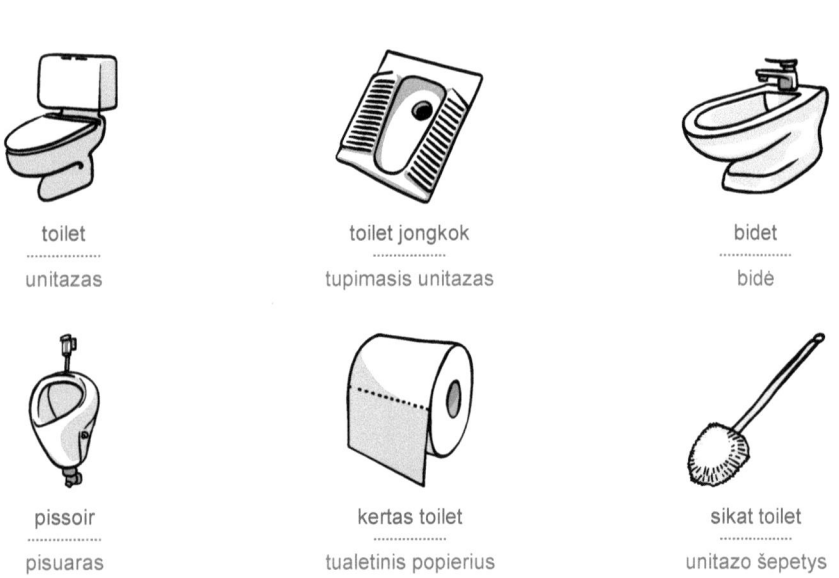

mandi
dušas
mesin pemanas
šildymas
handuk
rankšluostis
tirai kamar mandi
dušo užuolaidos
mandi busa
vonios putos
bak mandi
vonia
gelas
stiklinė
mesin cuci
skalbimo mašina
keran
čiaupas
ubin
plytelės
pispot
naktinis puodukas
wastafel
kriauklė

toilet

unitazas

toilet jongkok

tupimasis unitazas

bidet

bidė

pissoir

pisuaras

kertas toilet

tualetinis popierius

sikat toilet

unitazo šepetys

sikat gigi

dantų šepetėlis

pasta gigi

dantų pasta

benang gigi

dantų siūlas

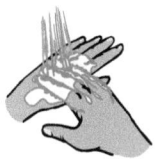

menyuci

plauti

pancuran tangan

dušo galvutė

pancuran

higieninis dušas

bak

praustuvas

sikat punggung

nugaros plaušinė

sabun

muilas

gel mandi

dušo želė

sampo

šampūnas

planel

plaušinė

kuras

kanalizacija

krim

kremas

deodoran

dezodorantas

kaca

veidrodis

cermin tangan

veidrodėlis

pisau cukur

skustuvas

busa cukur

skutimosi putos

aftershave

losjonas po skutimosi

sisir

šukos

sikat

šepetys

alat pengering rambut

plaukų džiovintuvas

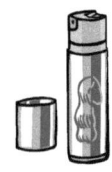

semprot rambut

plaukų lakas

makeup

makiažas

lipstik

lūpdažis

cat kuku

nagų lakas

kapas

vata

gunting kuku

žirklutės nagams

minyak wangi

kvepalai

kantong pencuci

maišelis skalbiniams

bangku

taburetė

timbangan

svarstyklės

mantel mandi

chalatas

sarung tangan karet

guminės pirštinės

tampon

tamponas

handuk pembalut

higieninis įklotas

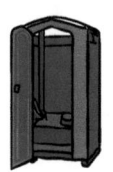

toilet kimia

biotualetas

kamar anak
vaiko kambarys

jam alarm
žadintuvas
boneka tidur
pliušinis žaislas
mobil-mobilan
žaislinė mašinėlė
kelintung
barškutis
rumah boneka
lėlės namelis
kado
dovana

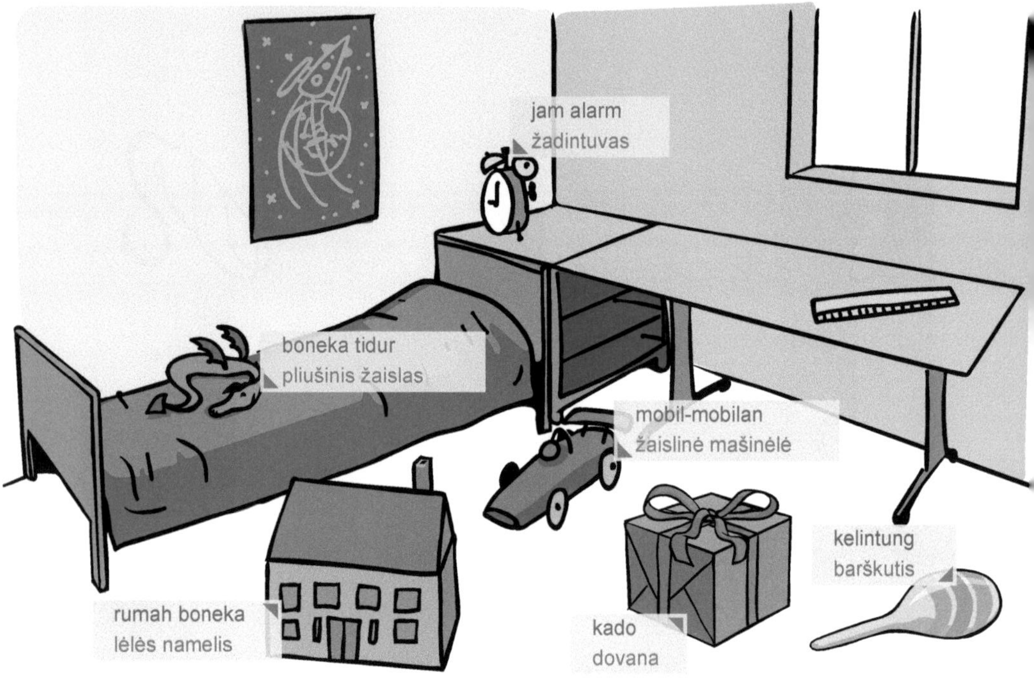

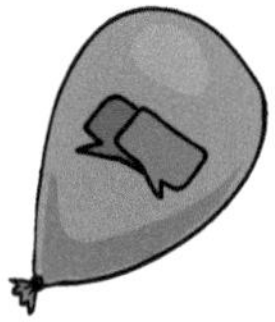

balon

balionas

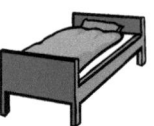

tempat tidur

lova

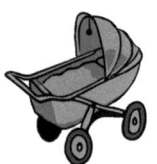

kereta bayi

vaikiškas vežimėlis

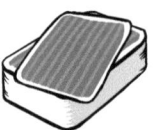

mainan kartu

kortų malka

teka-teki

delionė

SUPER
MEGA

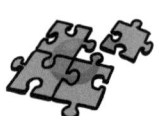

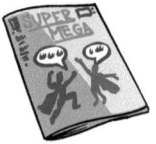

komik

komiksai

mainan lego

lego kaladėlės

blok mainan

žaislinės kaladėlės

figur aksi

figūrėlė

baju monyet

šliaužtinukai

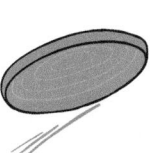

frisbee

mėtymo lėkštė

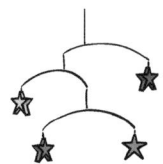

mobile

karuselė

permainan papan

stalo žaidimas

dadu

kauliukai

set model kreta api

žaislinis traukinys

dot

žindukas

pesta

vakarėlis

buku gambar

paveiksliukų knygelė

bola

kamuolys

boneka

lėlė

bermain

žaisti

tempat main pasir

smėlio dėžė

ayunan

sūpynės

mainan

žaislai

video game konsol

žaidimų konsolė

sepeda roda tiga

triratukas

teddy

meškiukas

lemari pakaian

drabužių spinta

pakaian

drabužis

kaos kaki

kojinės

kaos kaki

kojinės virš kelių

baju ketat

pėdkelnės

syal
šalikas

payung
skétis

kaos
marškinéliai

sabuk
diržas

sepatu bot
ilgaauliai batai

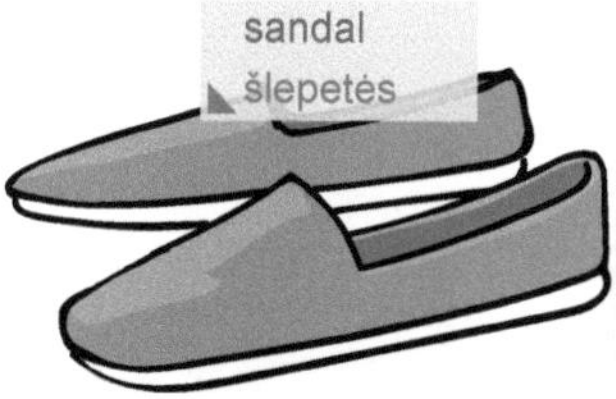

sandal
šlepetés

sepatu
sportbačiai

sandal
....
sandalai

sepatu
....
batai

sepatu bot karet
....
guminiai batai

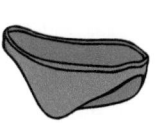

celana dalam
....
trumpikés

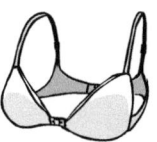

BH
....
liemenélé

baju rompi
....
liemené

pakaian - drabužis

body

glaustinukė

celana

kelnės

jeans

džinsai

rok

sijonas

blus

palaidinė

kemeja

marškiniai

aket berkerudung

megztinis

sweater

megztinis su gobtuvu

jaket

švarkelis

jaket

švarkas

mantel

paltas

jas hujan

lietpaltis

kostum

kostiumas

gaun

suknelė

gaun pengantin

vestuvinė suknelė

setelan resmi

kostiumas

gaun tidur

naktiniai marškiniai

piyama

pižama

sari

saris

jilbab

skarelė

turban

tiurbanas

burka

burka

kaftan

kaftanas

abaya

abaja

pakaian renang

maudymosi kostiumėlis

celana renang

glaudės

celana pendek

šortai

olah raga

sportinis kostiumas

celemek

prijuostė

sarung tangan

pirštinės

kancing

saga

kacamata

akiniai

gelang

apyrankė

kalung

vėrinys

cincin

žiedas

anting

auskaras

topi

kepurė

gantungan mantel

pakabas

topi

skrybėlė

dasi

kaklaraištis

ritsleting

užtrauktukas

helm

šalmas

tali selempang

breketai

seragam sekolah

mokyklinė uniforma

seragam

uniforma

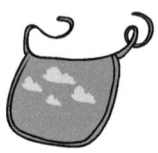

oto

seilinukas

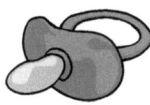

dot

žindukas

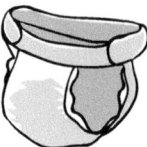

popok

vystyklai

kantor
biuras

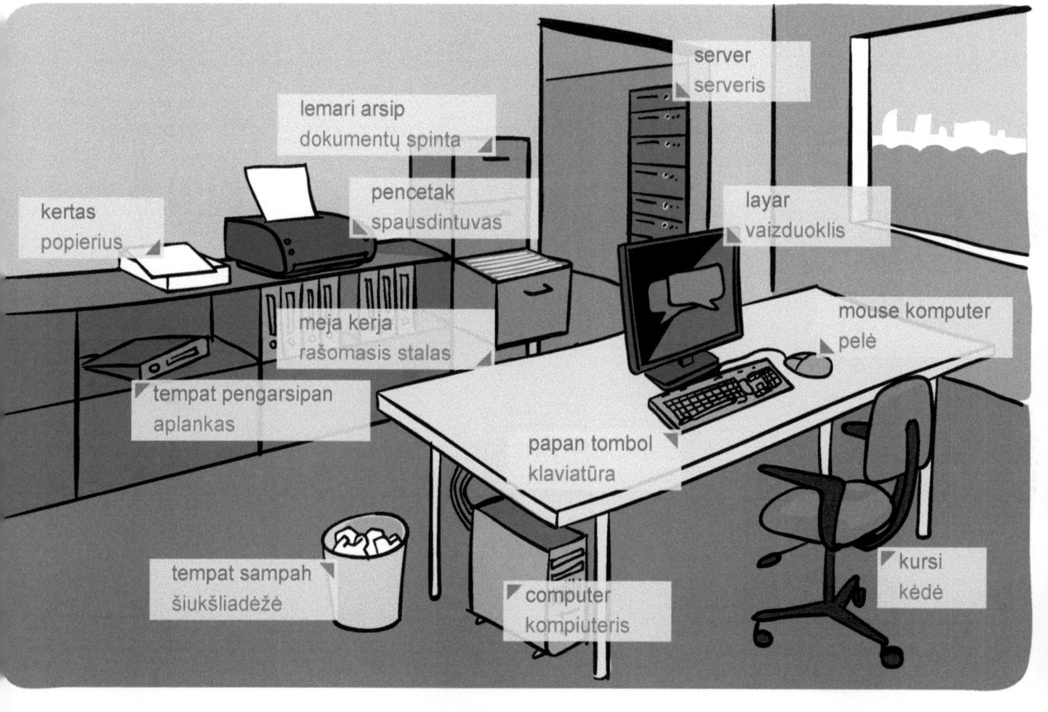
server
serveris
lemari arsip
dokumentų spinta
pencetak
spausdintuvas
kertas
popierius
layar
vaizduoklis
mouse komputer
pelė
meja kerja
rašomasis stalas
tempat pengarsipan
aplankas
papan tombol
klaviatūra
kursi
kėdė
tempat sampah
šiukšliadėžė
computer
kompiuteris

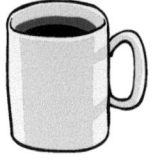

cangkir kopi

kavos puodelis

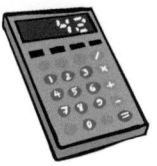

kalkulator

kalkuliatorius

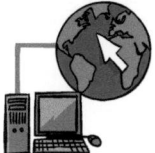

internet

internetas

laptop

nešiojamasis kompiuteris

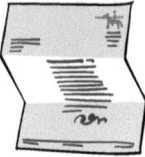

surat

laiškas

pesan

žinutė

telepon seluler

mobilusis telefonas

jaringan

tinklas

fotokopi

fotokopijavimo aparatas

software

programinė įranga

telepon

telefonas

plug soket

kištukinis lizdas

mesin fax

faksas

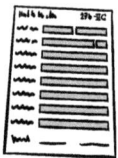

formulir

forma

dokumen

dokumentas

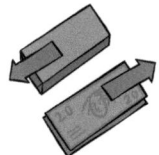

membeli

pirkti

membayar

mokėti

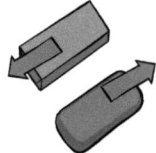

berdagang

prekiauti

uang

pinigai

Dollar

doleris

Euro

euras

Yen

jena

Rubel

rublis

Franc Swiss

Šveicarijos frankas

Renminbi Yuan

juanis

Rupiah

rupija

ATM

bankomatas

kantor pertukaran mata uang
....
valiutos keitykla

emas
....
auksas

perak
....
sidabras

minyak
....
nafta

energi
....
energija

harga
....
kaina

kontrak
....
sutartis

pajak
....
mokestis

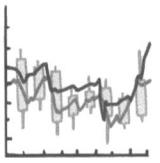

saham
....
akcijos

bekerja
....
dirbti

karyawan
....
darbuotojas

majikan
....
darbdavys

pabrik
....
gamykla

toko
....
parduotuvė

pekerjaan
profesijos

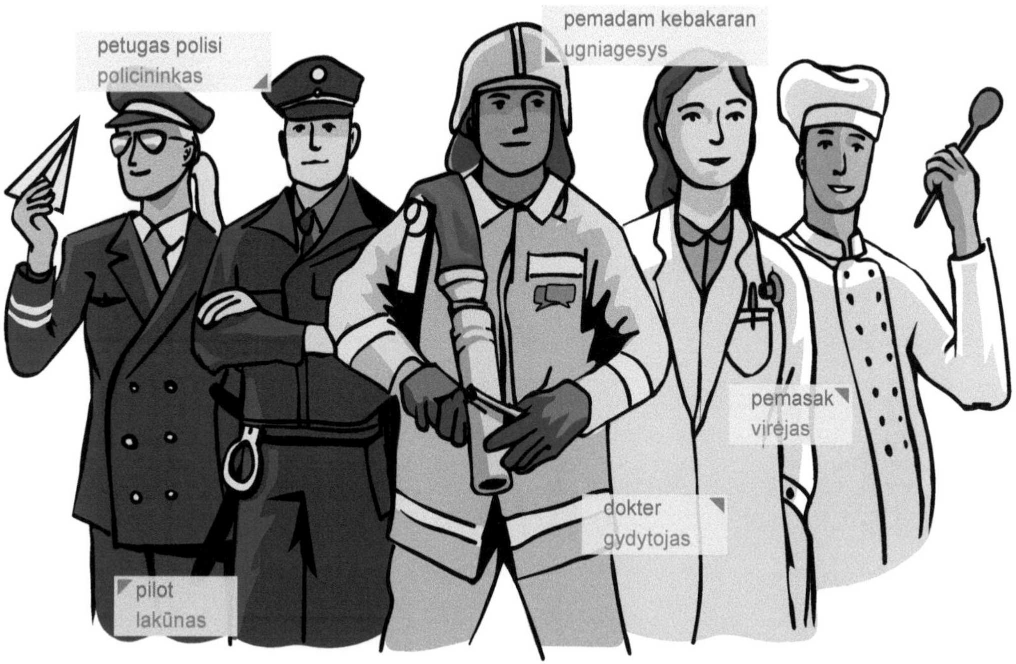

petugas polisi
policininkas
pemadam kebakaran
ugniagesys
pemasak
virėjas
dokter
gydytojas
pilot
lakūnas

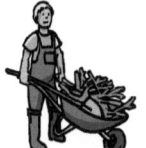

tukan kebun

sodininkas

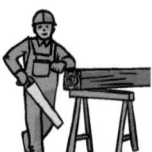

tukang kayu

stalius

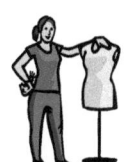

penjahit wanita

siuvėja

hakim

teisėjas

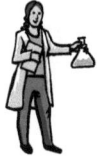

ahli kimia

chemikas

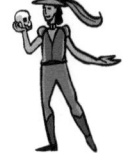

aktor

aktorius

sopir bis

autobuso vairuotojas

sopir taksi

taksi vairuotojas

nelayan

žvejys

pembantu

valytoja

tukang atap

stogdengys

pelayan

padavėjas

pemburu

medžiotojas

pelukis

dailininkas

tukang roti

kepėjas

tukang listrik

elektrikas

pembangun

statybininkas

insinyur

inžinierius

tukang daging

mėsininkas

tukang ledeng

santechnikas

tukang pos

paštininkas

pekerjaan - profesijos

tentara

kareivis

arsitek

architektas

kasir

kasininkas

penjual bunga

gėlininkas

penata rambut

kirpėjas

konduktor

konduktorius

montir

mechanikas

kapten

kapitonas

dokter gigi

odontologas

ilmuwan

mokslininkas

rabbi

rabinas

imam

imamas

biarawan

vienuolis

pendeta

kunigas

alat
įrankiai

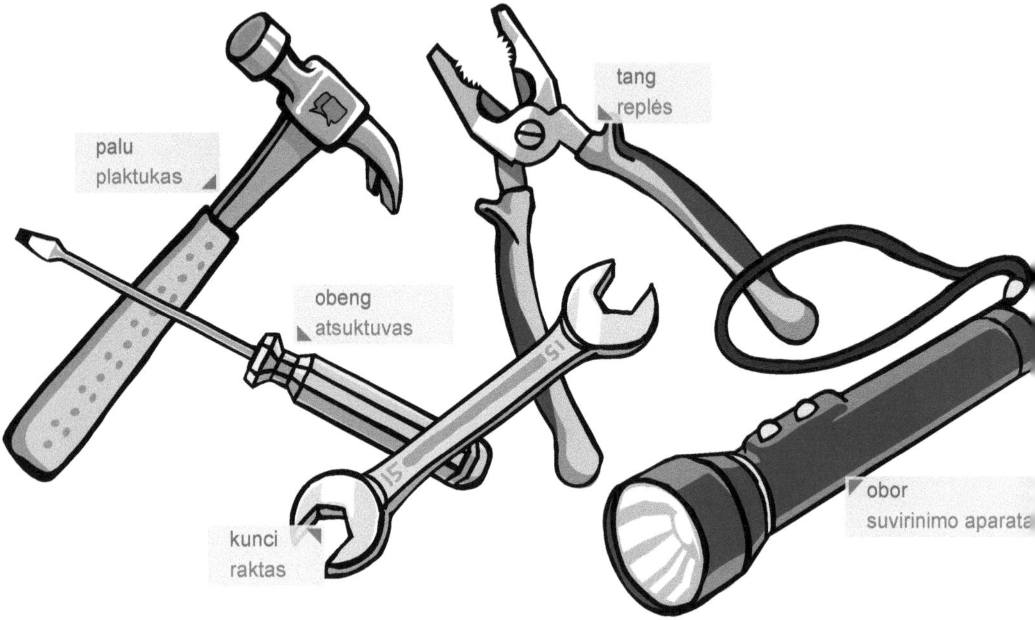

palu
plaktukas
tang
replės
obeng
atsuktuvas
kunci
raktas
obor
suvirinimo aparata

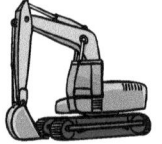

penggali

ekskavatorius

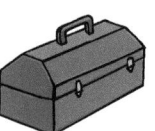

tas perkakas

įrankių dėžė

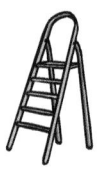

tangga

kopėčios

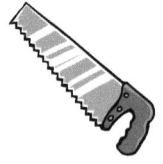

gergaji

pjūklas

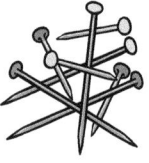

paku

vinys

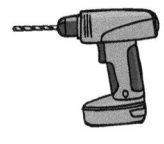

bor

grąžtas

perbaikan

taisyti

sekop

kastuvas

Sialan!

Velniava!

cikrak

semtuvėlis

pot cat

dažų skardinė

sekrup

varžtai

alat musik
muzikos instrumentai

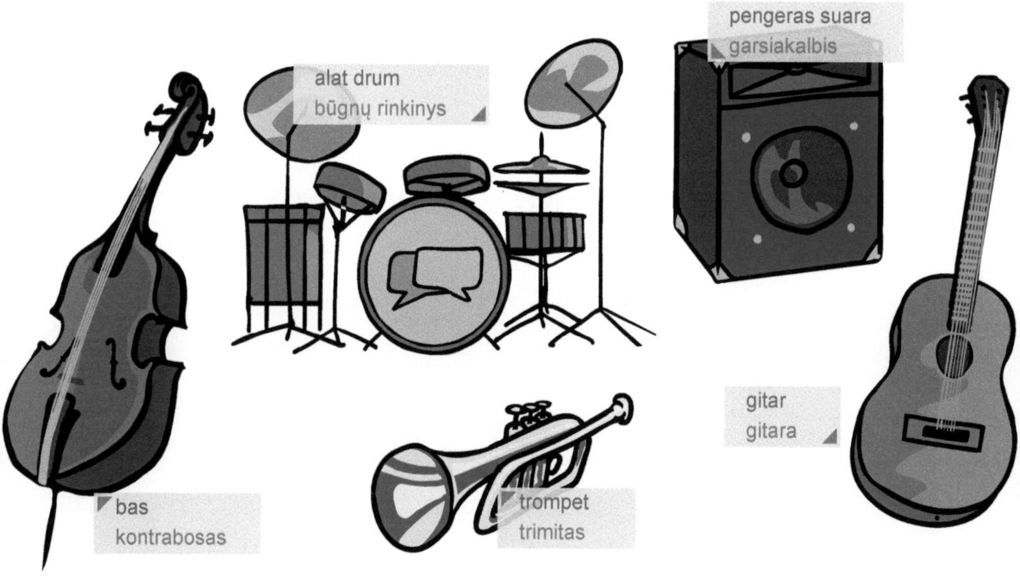

pengeras suara
garsiakalbis

alat drum
būgnų rinkinys

gitar
gitara

bas
kontrabosas

trompet
trimitas

piano

pianinas

violin

smuikas

bass

bosinė gitara

tambur

timpanas

drum

būgnai

keyboard

sintezatorius

saksofon

saksofonas

suling

fleita

mikrofon

mikrofonas

kebun binatang
zoologijos sodas

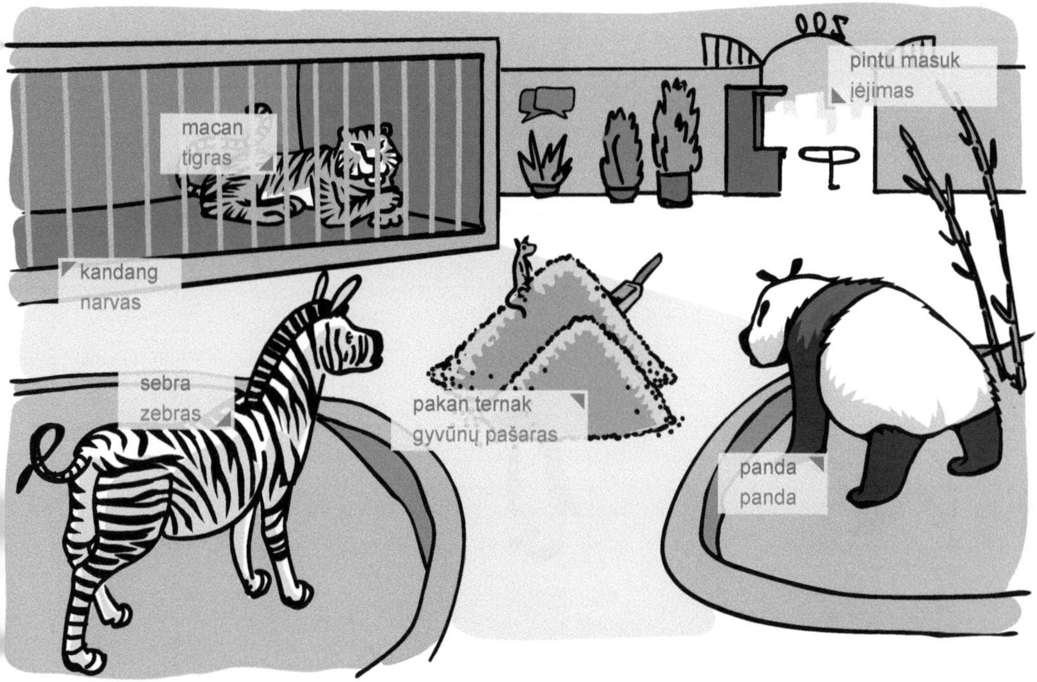
macan
tigras
kandang
narvas
sebra
zebras
pakan ternak
gyvūnų pašaras
pintu masuk
įėjimas
panda
panda

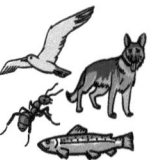

hewan

gyvūnai

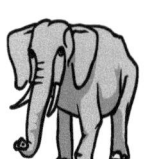

gajah

dramblys

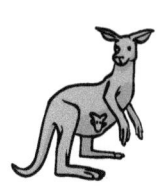

kanguru

kengūra

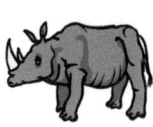

badak

raganosis

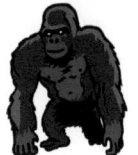

gorila

gorila

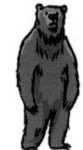

beruang

meška

unta

kupranugaris

burung unta

strutis

singa

liūtas

monyet

beždžionė

flamingo

flamingas

burung beo

papūga

beruang polar

baltoji meška

penguin

pingvinas

hiu

ryklys

merak

povas

ular

gyvatė

buaya

krokodilas

penjaga kebun binatang

zoologijos sodo prižiūrėtojas

segel

ruonis

jaguar

jaguaras

kuda poni

ponis

macan tutul

leopardas

kuda nil

begemotas

jerapah

žirafa

burung elang

erelis

babi jantan

šernas

ikan

žuvis

kura-kura

vėžlys

anjing laut

vėplys

rubah

lapė

kijang

gazelė

american football
amerikietiškas futbolas

naik sepeda
dviračių sportas

tennis
tenisas

basketbal
krepšinis

bernang
plaukimas

tinju
boksas

hoki es
ledo ritulys

sepak bola
futbolas

badminton
badmintonas

atletik
atletika

bola tangan
rankinis

main ski
slidinėjimas

polo
polas

meloncat
šokinėti

memeluk
apkabinti

ketawa
juoktis

berjalan
vaikščioti

menyanyi
dainuoti

mengimpi
svajoti

berdoa
melstis

mencium
bučiuoti

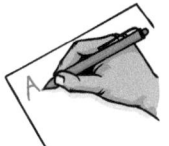

menulis

rašyti

melukis

piešti

menunjuk

rodyti

mendorong

stumti

memberikan

duoti

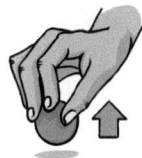

mengambil

imti

mempunyai
turėti

melakukan
daryti

adalah
būti

berdiri
stovėti

berlari
bėgti

menarik
traukti

melempar
mesti

jatuh
kristi

tidur
meluoti

menunggu
laukti

membawa
nešti

duduk
sėdėti

berpakaian
rengtis

tidur
miegoti

bangun
pabusti

melihat

žiūrėti

menangis

verkti

mengelus

glostyti

menyisir

šukuoti

berbicara

kalbėti

mengerti

suprasti

menanyak

paklausti

mendengar

klausytis

minum

gerti

makan

valgyti

merapikan

tvarkytis

cinta

mylėti

memasak

gaminti

menyetir

vairuoti

terbang

skristi

berlayar

buriuoti

menghitung

skaičiuoti

membaca

skaityti

belajar

mokytis

bekerja

dirbti

menikah

vesti

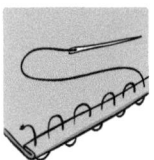

menjahit

siūti

sikat gigi

valytis dantis

membunuh

žudyti

merokok

rūkyti

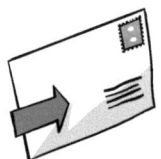

kirim

siųsti

nenek
senelė

bayi
kūdikis

kakek
senelis

ibu
motina

bapak
tėvas

putri
dukra

putra
sūnus

tamu

svečias

bibi

teta

paman

dėdė

kakak laki

brolis

kakak perempuan

sesuo

badan
kūnas

dahi
kakta
mata
akis
bahu
petys
jari
pirštas
muka
veidas
dagu
smakras
tangan
plaštaka
kaki
koja
payudara
krūtinė
lengan
ranka

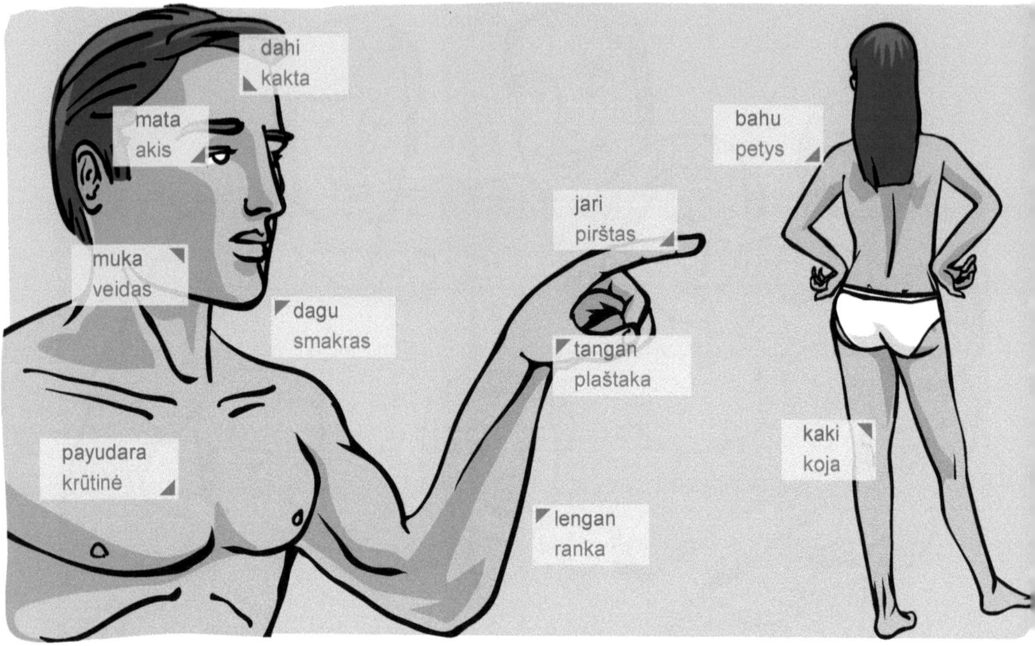

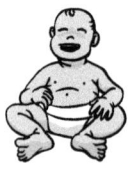

bayi

kūdikis

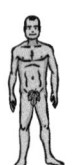

pria

vyras

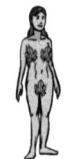

wanita

moteris

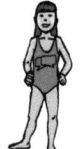

perempuan

mergaitė

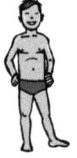

laki

berniukas

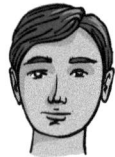

kepala

galva

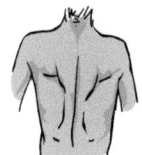

punggung

nugara

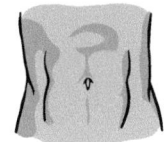

perut

pilvas

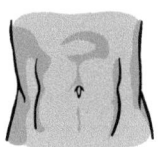

pusar

bamba

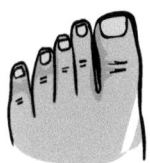

toe

kojos pirštas

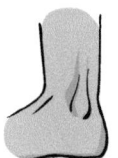

tumit

kulnas

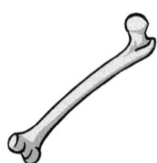

tulang

kaulas

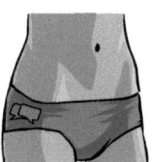

pinggang

klubas

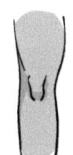

lutut

kelis

siku

alkūnė

hidung

nosis

pantat

sėdmenys

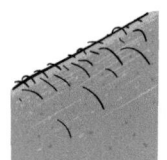

kulit

oda

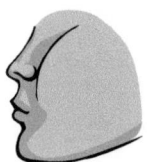

pipi

skruostas

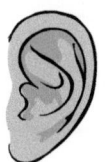

telinga

ausis

bibir

lūpa

mulut

burna

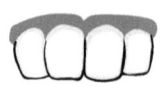

gigi

dantis

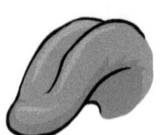

lidah

liežuvis

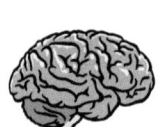

otak

smegenys

jantung

širdis

otot

raumuo

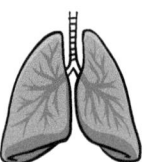

paru-paru

plaučiai

hati

kepenys

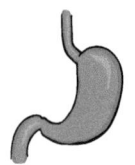

stomach

skrandis

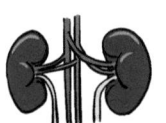

ginjal

inkstai

hubungan seks

seksas

kondom

prezervatyvas

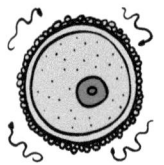

sel telur

kiaušialąstė

sperma

sperma

kehamilan

nėštumas

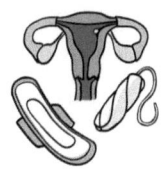

menstruasi

menstruacijos

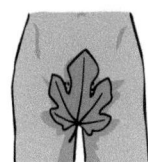

vagina

makštis

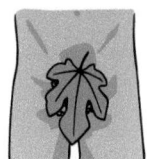

penis

varpa

alis

antakis

rambut

plaukai

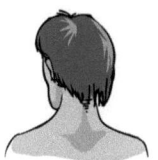

leher

kaklas

rumah sakit
ligoninė

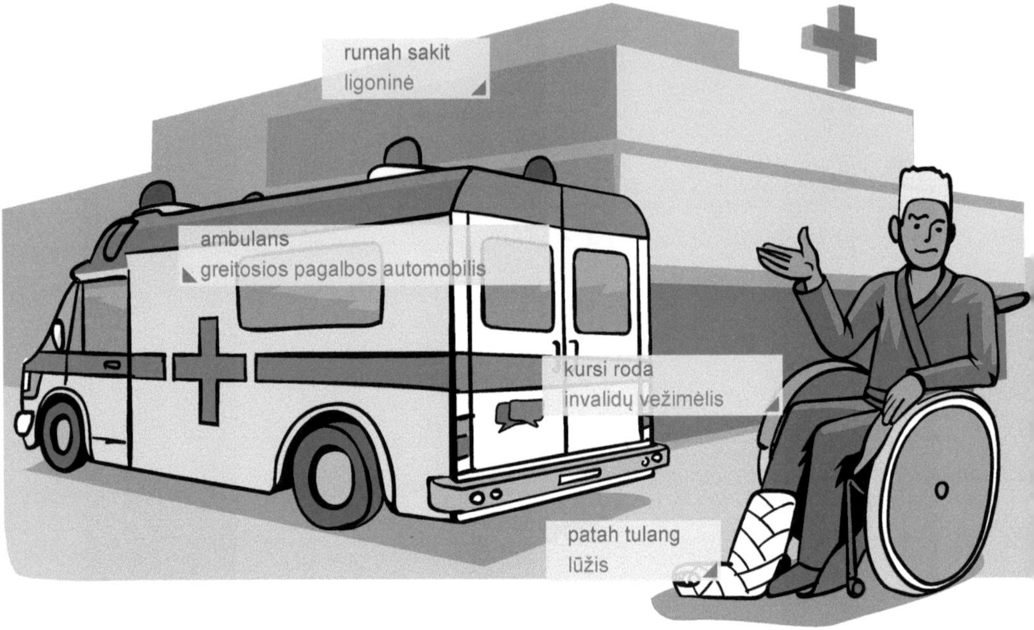

rumah sakit
ligoninė
ambulans
greitosios pagalbos automobilis
kursi roda
invalidų vežimėlis
patah tulang
lūžis

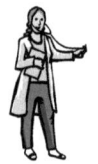

dokter

gydytojas

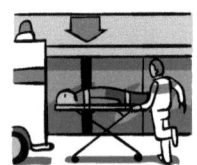

ruang darurat

skubios pagalbos skyrius

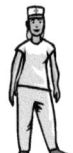

perawat

slaugytoja

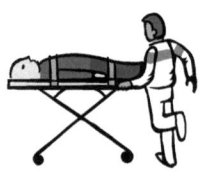

darurat

nelaimingas atsitikimas

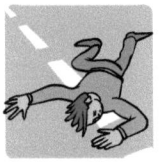

semaput

be sąmonės

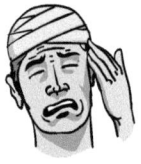

sakit

skausmas

	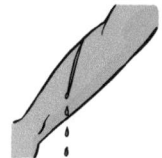	
cedera	perdarahan	serangan jantung
sužalojimas	kraujavimas	širdies smūgis

stroke	alergi	batuk
insultas	alergija	kosulys

demam	flu	diare
karščiavimas	gripas	viduriavimas
		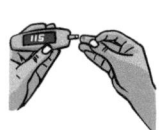
sakit kepala	kanker	diabetes
galvos skausmas	vėžys	diabetas
	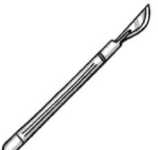	
ahli bedah	pisau bedah	operasi
chirurgas	skalpelis	operacija

CT
KT

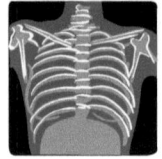

sinar x
rentgenas

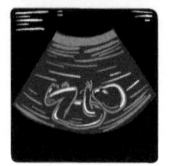

usg
ultragarsas

topeng
veido kaukė

penyakit
liga

ruang tunggu
laukiamasis

penyokong
ramentas

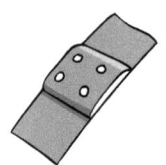

plester
gipsas

perban
tvarstis

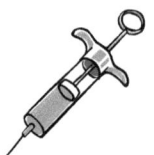

injeksi
injekcija

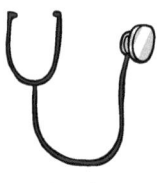

stetoskop
stetoskopas

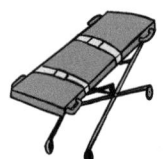

usungan
neštuvai

termometer klinis
termometras

kelahiran
gimimas

kelebihan berat badan
antsvoris

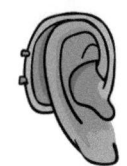

alat pendengar

klausos aparatas

desinfektan

dezinfekavimo priemonė

infeksi

infekcija

virus

virusas

HIV / AIDS

ŽIV / AIDS

obat

vaistas

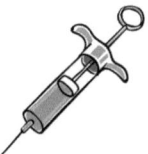

vaksinasi

skiepijimas

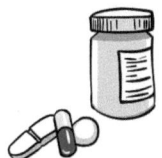

tablet

tabletės

pil

piliulė

panggilan darurat

skubios pagalbos numeris

ukur tekanan darah

kraujospūdžio matuoklis

sakit / sehat

ligotas / sveikas

Tolong!

Padėkite!

alarm

pavojaus signalas

penyerbuan

užpuolimas

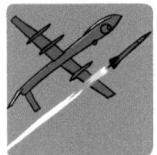

serangan

ataka

bahaya

pavojus

pintu darurat

avarinis išėjimas

Api!

Gaisras!

alat pemadam kebakaran

gesintuvas

kecelakaan

nelaimingas atsitikimas

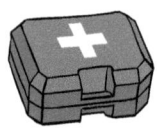

kit pertolongan pertama

pirmosios pagalbos rinkinys

SOS

SOS

polisi

policija

Eropa

Europa

Amerika Utara

Šiaurės Amerika

Amerika Selatan

Pietų Amerika

Afrika

Afrika

Asia

Azija

Australi

Australija

Atlantik

Atlanto vandenynas

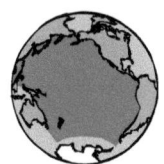

Pasifik

Ramusis vandenynas

Samudra India

Indijos vandenynas

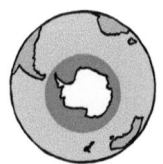

Samudra Antartika

Pietų vandenynas

Samudra Arktik

Arkties vandenynas

kutub utara

Šiaurės ašigalis

kutub selatan

Pietų ašigalis

Antarktika

Antarktida

bumi

Žemė

tanah

sausuma

laut

jūra

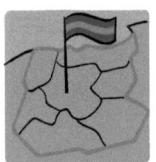

pulau

sala

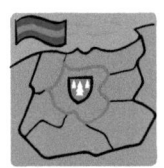

bangsa

tauta

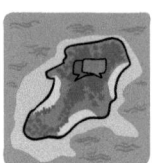

negara

valstybė

jam wajah

ciferblatas

jarum pendek

valandinė rodyklė

jarum menit

minutinė rodyklė

jarum detik

sekundinė rodyklė

Jam berapa?

Kiek valandų?

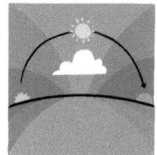

hari

diena

waktu

laikas

sekarang

dabar

jam digital

skaitmeninis laikrodis

menit

minutė

jam

valanda

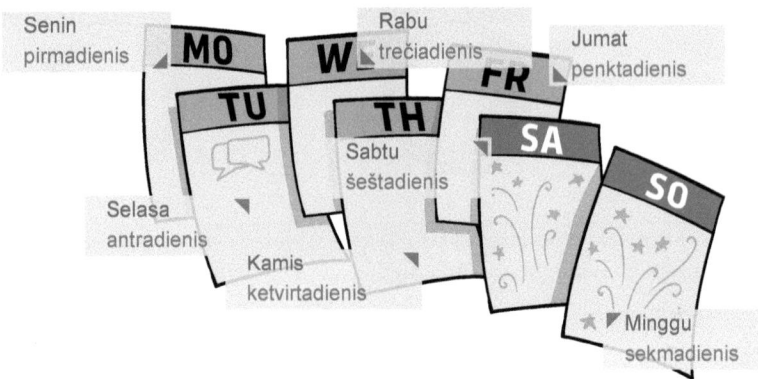

Senin
pirmadienis

Rabu
trečiadienis

Jumat
penktadienis

Sabtu
šeštadienis

Selasa
antradienis

Kamis
ketvirtadienis

Minggu
sekmadienis

kemaren

vakar

hari ini

šiandien

besok

rytoj

pagi

rytas

siang

vidurdienis

malam

vakaras

hari kerja

darbo dienos

akhir minggu

savaitgalis

tahun
metai

hujan
lietus
pelangi
vaivorykštė
angin
vėjas
salju
sniegas
musim semi
pavasaris
musim gugur
ruduo
musim panas
vasara
musim dingin
žiema

4.APRIL 11°
5.APRIL 4°
6.APRIL 13°
7.APRIL 8°
8.APRIL 10°

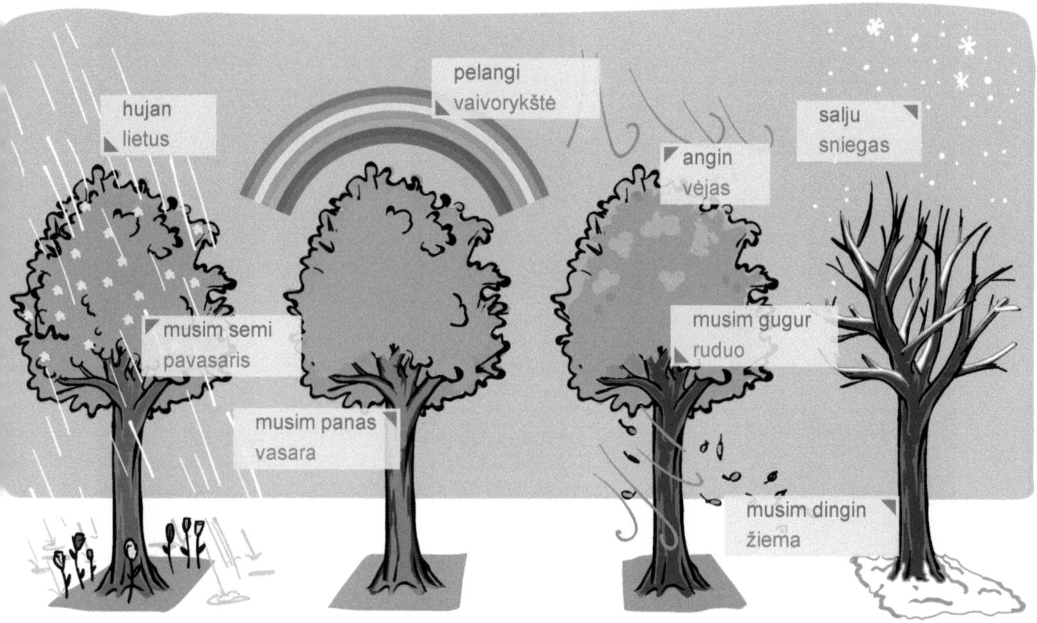

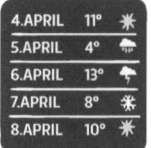

ramalan cuaca

orų prognozė

F C
120 90 60 30 0 -30
40 30 20 10 0 -10 -20

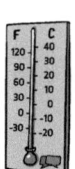

termometer

lauko termometras

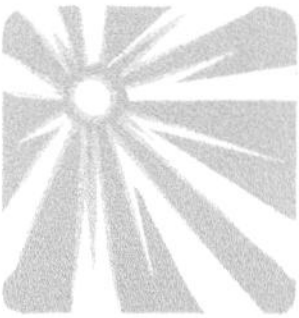

matahari

saulės šviesa

awan

debesis

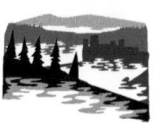

kabut

rūkas

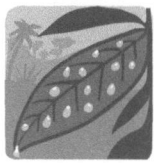

kelembahan

drėgmė

kilat

žaibas

guntur

griaustinis

badai

audra

hujan es

kruša

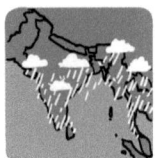

monsun

musonas

banjir

potvynis

es

ledas

Januari

sausis

Februari

vasaris

Maret

kovas

April

balandis

Mei

gegužė

Juni

birželis

Juli

liepa

Agustus

rugpjūtis

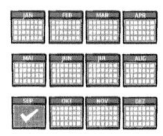

September
....
rugsėjis

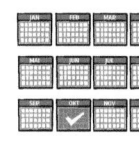

Oktober
....
spalis

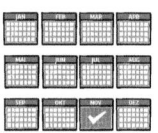

November
....
lapkritis

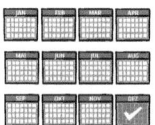

Desember
....
gruodis

bentuk

formos

lingkaran
....
apskritimas

persegi
....
kvadratas

persegi panjang
....
stačiakampis

segi tiga
....
trikampis

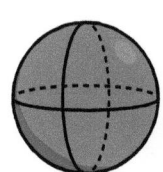

bola
....
sfera

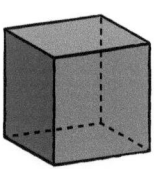

kubus
....
kubas

putih

balta

kuning

geltona

oranye

oranžinė

pink

rožinė

merah

raudona

ungu

violetinė

biru

mėlyna

hijau

žalia

coklat

ruda

abu-abu

pilka

hitam

juoda

banyak / sedikit

daug / mažai

marah / tenang

piktas / ramus

cantik / jelek

gražus / bjaurus

mulaih / selesai

pradžia / pabaiga

besar / kecil

didelis / mažas

terang / gelap

šviesus / tamsus

saudara laki-laki / saudara perempuan

brolis / sesuo

bersih / kotor

švarus / purvinas

lengkap / tidak lengkap

užbaigtas / neužbaigtas

hari / malam

diena / naktis

mati / hidup

miręs / gyvas

luas / sempit

platus / siauras

dapat dimakan / tidak dapat dimakan

valgomas / nevalgomas

jahat / baik

piktas / malonus

bersemangat / bosan

linksmas / nuobodus

gemuk / kurus

storas / plonas

pertama / terakhir

pirmiausia / paskiausia

teman / musuh

draugas / priešas

penuh / kosong

pilnas / tuščias

keras / lembut

kietas / minkštas

berat / enteng

sunkus / lengvas

lapar / haus

alkis / troškulys

sakit / sehat

ligotas / sveikas

ilegal / legal

nelegalus / legalus

cerdas / bodoh

protingas / kvailas

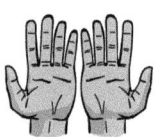

kiri / kanan

kairė / dešinė

dekat / jauh

arti / toli

baru / bekas

naujas / naudotas

tidak ada apapun / sesuatu

niekas / kažkas

tua / muda

senas / jaunas

nyala / mati

įjungta / išjungta

buka / tutup

atidaryta / uždaryta

tenang / keras

tylus / garsus

kaya / miskin

turtingas / vargšas

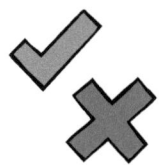

benar / salah

teisus / neteisus

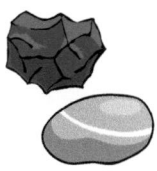

kasar / halus

šiurkštus / švelnus

sedih / gembira

liūdnas / laimingas

pendek / panjang

trumpas / ilgas

pelan-pelan / cepat

lėtas / greitas

basah / kering

drėgnas / sausas

hangat / sejuk

šiltas / šaltas

perang / damai

karas / taika

0

nol

nulis

1

satu

vienas

2

dua

du

3

tiga

trys

4

empat

keturi

5

lima

penki

6

enam

šeši

7

tujuh

septyni

8

delapan

aštuoni

9

sembilan

devyni

10

sepuluh

dešimt

11

sebelas

vienuolika

12

duabelas

dvylika

13

tigabelas

trylika

14

empatbelas

keturiolika

15

limabelas

penkiolika

16

enambelas

šešiolika

17

tujuhbelas

septyniolika

18

delapanbelas

aštuoniolika

19

sembilanbelas

devyniolika

20

duapuluh

dvidešimt

100

seratus

šimtas

1.000

seribu

tūkstantis

1.000.000

juta

milijonas

Inggris

anglų

bahasa Inggris Amerika

amerikiečių anglų

bahasa Cina Mandarin

kinų (mandarinų)

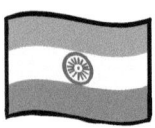

bahasa Hindi

hindi

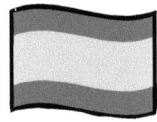

bahasa Spanyol

ispanų

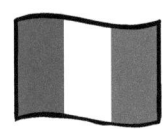

bahasa Perancis

prancūzų

bahasa Arab

arabų

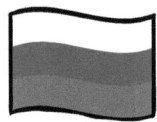

bahasa Rusia

rusų

bahasa Portugis

portugalų

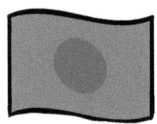

bahasa Bengal

bengalų

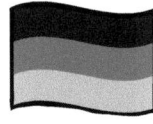

bahasa Jerman

vokiečių

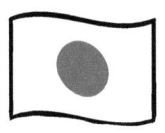

bahasa Jepang

japonų

saya

aš

kamu

tu

dia

jis / ji

kita

mes

kalian

jūs

mereka

jie

siapa?

kas?

apa?

ką?

begaimana?

kaip?

dimana?

kur?

kapan?

kada?

nama

vardas

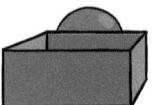

dibelakang

už

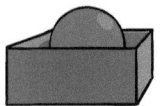

di

kur (vieta)

didepan

priešais

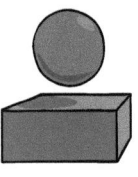

diatas

virš

diatas

ant

dibawah

po

sebelah

prie

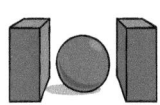

di antara

tarp

tempat

vieta